VENTE DU 18 MAI 1899

HÔTEL DROUOT, SALLE N° **11**

à 2 heures 1/2 précises

TABLEAUX

AQUARELLES, DESSINS ET PASTELS

Me LÉON TUAL, commissaire-priseur

M. MOLINE, expert

Paris, 1899

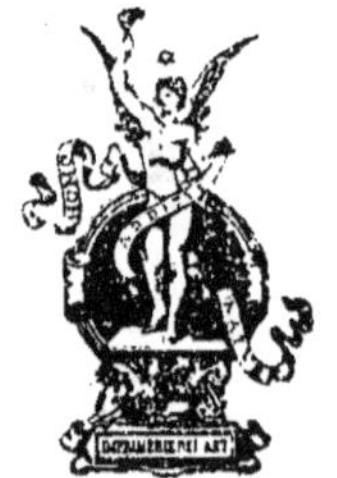

DESPRAMERIS MEI ART

CATALOGUE

DE

TABLEAUX

MODERNES

Aquarelles, Dessins et Pastels

PAR

BOUDIN, CALS, CHÉRET, DELATTRE, E. DETAILLE, FORAIN, GAUGUIN,
GUILLAUMIN, GUILLOUX, HARPIGNIES, HELLEU, HENNER,
HERVIER, IBELS, CH. JACQUE, JONGKIND, LEBOURG, LEGRAND,
LÉPINE, MANET, OLIVE, PISSARRO, RENOIR,
ROCHEGROSSE, SISLEY, VIGNON, VOGLER, ETC.

DONT LA VENTE AURA LIEU

HOTEL DROUOT, SALLE N° 11

Le Jeudi 18 Mai 1899

à deux heures et demie précises

COMMISSAIRE-PRISEUR	EXPERT
Mᶜ LÉON TUAL	**M. L. MOLINE**
56, rue de la Victoire, 56	20, rue Laffitte, 20

EXPOSITION PUBLIQUE

Le Mercredi 17 Mai 1899, de 1 heure 1/2 à 5 h. 1/2

CONDITIONS DE LA VENTE

Elle sera faite au comptant.

Les adjudicataires paieront *cinq pour cent* en sus des enchères.

Paris. — Imprimerie de l'Art, E. Moreau et Cⁱᵉ, 41, rue de la Victoire.

DÉSIGNATION

TABLEAUX

BOUDIN

1 — *Plage de Trouville.*

2 — *Plage de Trouville.*

3 — *Les Dunes ; environs de Deauville.*
Toile. Haut., 35 cent.; larg., 58 cent.

BONVIN
(Attribué à)

4 — *Nature morte.*
Panneau.

Haut., 27 cent.

CALS

5 — *Nature morte.*

Haut., 54 cent.; larg., 68 cent.

6 — *Le Chemineau.*

Haut., 25 cent.; larg., 20 cent.

CHRÉTIEN

7 — *Bouteilles et cuivres.*

DELATTRE

8 — *Paysage.*

Haut., 38 cent.; larg., 55 cent.

9 — *Paysage.*

Haut., 38 cent.; larg., 55 cent.

10 — *Quai.*

Haut., 38 cent.; larg., 46 cent.

11 — *Coteaux.*

Haut., 38 cent.; larg., 61 cent.

12 — *Seine.*

Haut., 38 cent.; larg., 61 cent.

13 — *Prairie.*

Haut., 38 cent.; larg., 61 cent.

14 — *Quai.*

Haut., 38 cent.; larg., 61 cent.

15 — *Brouillard.*

Haut., 46 cent.; larg., 55 cent.

16 — *Seine.*

Haut., 46 cent.; larg., 51 cent.

17 — *Pont.*

Haut., 46 cent.; larg., 55 cent.

18 — *Paysage.*

Haut., 46 cent.; larg., 55 cent.

DELATTRE

19 — *Paysage.*

Haut., 46 cent.; larg., 51 cent.

20 — *Paysage.*

Haut., 43 cent.; larg., 61 cent.

21 — *Paysage.*

Haut., 43 cent.; larg., 61 cent.

22 — *Seine.*

Haut., 65 cent.; larg., 54 cent.

23 — *Paysage.*

Haut., 32 cent.; larg., 41 cent.

24 — *Fleurs*

Haut., 32 cent.; larg., 41 cent.

25 — *Rue.*

Haut., 32 cent.; larg., 41 cent.

26 — *Vaches.*

Haut., 32 cent.; larg., 46 cent.

DETAILLE
(EDOUARD)

27 — *Soldats morts.*

Toile. Haut., 89 cent.; larg., 1 m. 84 cent.

EDELFELT

28 — *Le Yacht.*

Toile. Haut., 44 cent.; larg., 58 cent.

EHNHEIMER

29 — *La Ferme à Gérardmer (Vosges).*

FOWELL
(JAMES)

3o — *Kewstream, près Londres.*

3¹ — *Le Jars à Châlons.*

GUILLOUX

32 — *Le Bois des Aigles (Chantilly).*
>   Toile. Haut., 37 cent. ; larg., 27 cent.

33 — *Le Trocadéro vu des bords de la Seine.*
>   Toile. Haut., 27 cent. ; larg., 40 cent,

34 — *L'Église de Guibray.*
>   Toile. Haut., 27 cent. ; larg., 47 cent.

GERVEX

35 — *Au Théâtre.*
>   Panneau.
>   Haut., 46 cent. ; larg., 38 cent.

GAUTIER
(AMAND)

36 — *Tête d'Homme.*

GAUGUIN

37 — *Paysage de Bretagne.*

38 — *Paysage.*

GUILLAUMIN

3g — *Paysage.*
>   Haut., 22 cent. ; larg., 27 cent,

GUILLAUMIN

40 — *Femme dans un paysage.*

Haut., 38 cent. ; larg., 55 cent.

41 — *Rue de Village.*

Haut., 55 cent. ; larg., 38 cent.

42 — *Paysage.*

Haut., 22 cent. ; larg., 27 cent.

HAACKMANN

43 — *Marine.*

Haut., 14 cent. ; larg., 18 cent.

44 — *Mer calme.*

Haut., 35 cent.; larg., 55 cent.

45 — *Mer agitée.*

Haut., 32 cent.; larg., 4 cent.

46 — *Paysage.*

Haut., 50 cent. ; larg., 65 cent.

47 — *Paysage.*

Haut., 50 cent.; larg., 65 cent.

48 — *Marine.*

Haut., 46 cent.; larg., 55 cent.

49 — *Paysage.*

Haut., 50 cent. ; larg., 65 cent.

50 — *Paysage.*

Haut., 52 cent. ; larg., 80 cent.

51 — *Paysage.*

Haut., 92 cent. ; larg., 60 cent.

52 — *Marine.*

Haut., 38 cent.; larg., 73 cent.

HERVIER
(A.)

53 — *Chaumes, à Chaponval.*

Toile. Haut., 38 cent.; larg., 55 cent.

IBELS
(H.-G.)

54 — *Les Pommes.*

Toile.

JACQUE
(CH.)

55 — *Intérieur de Bergerie : Un mouton et trois poules.*

Panneau.

Haut., 13 cent. 1/2 ; larg., 19 cent.

JAPY

55 *bis* — *Lisière de Forêt.*

JOBERT
(FERNAND)

56 — *Fillette.*

LAPOSTOLET

57 — *Quai de Seine; hiver.*

Haut., 38 cent. ; larg., 62 cent.

LEBOURG

58 — *La Seine.*

> Haut., 27 cent. ; larg., 40 cent.

59 — *Marine.*

> Haut., 24 cent. ; larg., 35 cent.

60 — *Jetée de Dieppe.*

> Haut., 35 cent. ; larg., 46 cent.

LÉPINE

61 — *Canal ; soleil couchant.*

MILLET

(Attribué à J.-F.)

62 — *La Rentrée du troupeau.*

Panneau.

> Haut., 12 cent.; larg., 21 cent.

MANET

(E.)

63 — *Chardons.*

Toile.

OLIVE

64 — *Martigues.*

Toile.

> Haut., 51 cent.; larg., 74 cent.

PERRET
(AIMÉ)

65 — *Fruits*.

Haut., 3o cent.; larg., 39 cent.

PISSARRO
(CAMILLE)

66 — *Effet de neige*.

Haut., 38 cent.; larg., 46 cent.

67 — *Paysage*.

Haut., 65 cent.; larg., 54 cent.

68 — *Les Cueilleurs de pommes*.

RENOIR

69 — *Bouquet de fleurs*.

Toile. Haut., 6o cent. ; larg., 5o cent.

70 — *Femme, vue de dos*.
Toile.

ROCHEGROSSE

71 — *Danses des lumières*.

Haut., 38 cent.; larg., 46 cent.

SISLEY

72 — *Paysage*.

73 — *Forét de Fontainebleau (Barbizon)*.
Toile. Haut., 46 cent.; larg., 38 cent.

TILIA

74 — *Le déjeuner est servi.*

75 — *Entrée du village de Guillauche (Aisne).*

VIGNON

76 — *Paysage d'Automne.*

Haut., 38 cent.; larg., 55 cent.

VAN GOGH

77 — *Coquelicots.*

Haut., 38 cent.; larg., 61 cent.

78 — *Fleurs.*

Haut., 32 cent.; larg., 55 cent.

VOGLER

(PAUL)

79 — *Paysage.*

Haut., 38 cent.; larg., 46 cent.

WASHINGTON

80 — *Fantasia.*

81 — *Oasis algérien.*

AQUARELLES, DESSINS

ET PASTELS

ANQUETIN

82 — *Marguerite Dufay ; projet d'affiche.*

Dessin rehaussé de pastel.

BOUDIN

83 — *Canots et pêcheurs, à Berck.*

Aquarelle.

84 — *Le Port de Rotterdam.*

Datée 1878.
Aquarelle.

85 — *Marines.*

Deux aquarelles.

86 — *Plage de Trouville.*

Aquarelle.

87 — *Le Marché, à Bruxelles.*

Datée 1871.
Aquarelle.

88 — *Marines.*

Deux aquarelles.

89 — *Bateaux.*

Deux aquarelles.

BOUDIN

90 — *Le Canot.*
    Aquarelle.

91 — *Marines.*
    Deux aquarelles.

92 — *Marché au Faou (Finistère).*
    Deux aquarelles.

CHÉRET
(J.)

93 — *Les Jouets.*
    Pastel.

        Haut., 78 cent.; larg., 45 cent.

DAUMIER
(H.)

94 — *Trois croquis dans un même cadre.*

FORAIN

95 — *Le Coiffeur.*
    Dessin à la plume.

GUYS
(CONSTANTIN)

96 — *Femme.*
    Dessin.

97 — *Deux Femmes.*
    Dessin.

98 — *Militaires.*
    Dessin. Aquarelle.

HARPIGNIES

99 — *Ariccio, 1851 porte cette dédicace : « A Monsieur Corot ».*

Signé : *H. Harpignies.*

HELLEU

100 — *Étude de Femme.*

Dessin à la mine de plomb.

101 — *Têtes de Femmes.*

Etudes aux trois crayons.

102 — *Étude de Femme.*

Dessin aux trois crayons.

103 — *Femme.*

Etude aux trois crayons.

104 — *Trois Têtes de Femmes.*

Etude aux trois crayons.

105 — *Étude de Femme.*

Dessin aux trois crayons.

106 — *Étude de nu.*

Dessin aux trois crayons.

107 — *Étude de Petite Fille.*

Dessin au crayon conté.

HENNER

108 — *Jeune Fille.*

Dessin.

IBELS

109 — *Un Hercule forain.*
Eau-forte rehaussée.

JACQUE

110 — *Troupeau de porcs au bord de la mer.*
Dessin au conté rehaussé de blanc.

JONGKIND

111 — *Paysage.*
Aquarelle.

112 — *Attelage de Bœufs sur une route.*
Aquarelle.

LEGRAND
(LOUIS)

113 — *Danseuse.*
Pastel.

MANET
(E.)

114 — *La Chasse.*
Aquarelle.

115 — *Moïse sauvé des eaux.*
Dessin.

MILLET
(FRANÇOIS)

116 — *Moutons dans un enclos.*
Pastel.

Haut., 38 cent.; larg., 46 cent.

MONNIER
(HENRI)

117 — *L'Artiste dans son atelier.*
Aquarelle.

PILLE
(H.)

118 — *Hollandaises.*
Dessin à la plume.

PISSARO
(CAMILLE)

119 — *Portrait de Femme.*
Pastel.

Haut., 65 cent.; larg., 47 cent.

RENOIR

120 — *Paysage.*
Aquarelle.

SINET
(ANDRÉ)

121 — *Le Simplon.*
Pastel.

122 — *Femme mettant son corset.*

123 — *Chanteuse de café-concert.*

SOMM
(H.)

124 — *Devant le Moulin-Rouge.*
Aquarelle.

9 782329 462486